DU LATIN À L'ÉCOLE !

Thibaut Sallenave
Luigi-Alberto Sanchi
Cécilia Suzzoni

Du latin à l'école !

Fayard

Couverture : Cheeri.

ISBN : 978-2-213-72717-2

Introduction

L'école républicaine est en crise. Le niveau de l'enseignement en France ne cesse de perdre du terrain, dans les classements internationaux, dans l'opinion publique, dans le regard même de ceux qui le connaissent bien, élèves, professeurs, parents d'élèves. Ce constat est presque devenu une banalité, à force d'être répété, rabâché, déploré sur tous les tons. Est-ce encore la peine d'y revenir? Oui, hélas, car il est impossible de s'y résoudre.

Dans le contexte d'une remise en question des institutions démocratiques, l'école n'est pas épargnée. De plus en plus de parents adoptent une stratégie de contournement de la carte scolaire ou recourent à l'enseignement privé et aux cours supplémentaires. Dans un nombre croissant de disciplines, le métier d'enseignant n'attire plus. Les concours du Capes et de l'agrégation peinent à recruter autant de futurs professeurs qu'il y a de postes à pourvoir. Et les élèves de terminale, qu'ont-ils le sentiment, non pas seulement d'avoir appris, mais de devoir à l'institution éducative, lorsqu'ils en sortent? Comment répondraient-ils à cette question, si on osait la leur poser dans leur nouvelle épreuve de «Grand Oral»!

Cette défiance résulte directement d'un triple échec. Échec dans l'acquisition et la maîtrise des savoirs fondamentaux, à commencer par celles du français. Échec dans l'égalité des chances, promesse fondamentale de la République: 65% des Français estiment que le système scolaire n'offre pas les mêmes chances de réussite à tous[1]. Échec dans l'éducation à la citoyenneté, enfin, lequel résulte des deux précédents. Le pacte républicain devrait permettre à chacun d'appartenir à une communauté politique de citoyens égaux. À l'heure où les fractures se creusent, où les injustices

1. Jérôme Fourquet et Iannis Roder, «L'école, catalyseur de la fragmentation de la société française», note de la Fondation Jean-Jaurès, 31/08/2018.

se multiplient, où le débat public oscille entre violence et insignifiance, l'école forme-t-elle encore les citoyens à une délibération collective et éclairée, sur le fondement de savoirs partagés et sources d'émancipation?

Ce triste bilan, c'est le ministre de l'Éducation nationale lui-même qui le dresse dans une tribune du *Monde* publiée le 22 décembre 2022. Ce faisant, il sanctionne implicitement l'échec des réformes et des refondations qui se sont succédé, tous gouvernements confondus, depuis plusieurs dizaines d'années. L'accent placé sur les savoirs fondamentaux, français, calcul, langues vivantes, n'a pas porté ses fruits. La réforme du baccalauréat n'a pas tenu ses promesses de décompartimenter les anciennes filières littéraire, scientifique et économique. Au contraire, en privilégiant la voie des enseignements optionnels, elle a accru la concurrence des savoirs les uns avec les autres, au point de renforcer les stratégies à court terme. Or ce sont les compétences généralistes qui sont nécessaires, parce qu'elles seules constituent un tronc commun destiné à nourrir toutes les formations, quelles qu'elles soient.

Pourtant, la crise de l'école ne témoigne pas d'un rejet pur et simple. Comme le rappelle le ministre, 80% des Français conservent leur confiance aux professeurs. L'école déçoit d'autant plus que les attentes à son égard restent fortes. Ce n'est pas l'école qui est en question, mais le savoir qu'elle apporte, ou plutôt qu'elle n'apporte plus.

C'est pourquoi l'on ne peut s'arrêter à un constat d'échec, ni en rester aux nostalgies du passé. Il y a urgence ! Devant la crise d'une école de l'égalité, il est vital de constituer un socle de disciplines communes et ouvertes à tous, susceptibles de dépasser réellement les déterminismes sociaux et culturels. Devant l'émiettement des connaissances et la tentation démagogique de se replier sur des compétences affadies et des méthodes ludiques, on ne peut plus faire l'économie d'un savoir authentiquement et solidement généraliste, dans la meilleure tradition des humanités. Dans l'état de délitement où se trouve l'enseignement du français au collège et au lycée, on ne peut différer davantage la nécessaire refondation d'un apprentissage de la langue et des lettres, qui tienne enfin compte de leur richesse et de leur mémoire.

À crises multiples, réponses multiples, certes. Mais c'est par le français qu'il faut commencer. Le français n'est pas un savoir comme les autres. Il est le pivot de tous les autres. Il est au fondement de toutes les disciplines, littéraires et scientifiques. Il est le socle de la citoyenneté.

C'est pourquoi nous avançons une proposition-phare. Sa formulation paradoxale en déconcertera plus d'un, et c'est tant mieux, car on ne peut s'en tenir au confort des habitudes ou des réflexes idéologiques : *que le latin, langue ancienne du français et instrument incontournable de sa maîtrise, devienne obligatoire pour tous, de la 6e à la 3e, dans tous les collèges de France.*

Obligatoire, le latin ? Oui, comme l'école est obligatoire depuis Jules Ferry, et au sens fort de ce terme : *obligare*, lier et engager, d'abord par une promesse. Non pas donc au sens d'une idéologie passéiste qui enchaîne et discrimine, mais au sens de ce lien républicain qui n'en finit pas de se défaire, et qui impose d'apporter à chaque citoyen ce que la participation au suffrage et aux affaires publiques exige de lui : la faculté libre et éclairée de décider avec ses semblables de son propre destin.

Il ne s'agira évidemment pas d'une défense obsidionale du latin, à laquelle, il est vrai, certains de ses zélés paladins nous ont un peu trop habitués. Il ne s'agira pas non plus d'un retour à « l'école latine » d'autrefois, à seule fin d'apprendre aux collégiens à « écrire latin en français » ! Personne ne peut vouloir sincèrement revenir au ronron naguère tout-puissant d'un français académique asservi à son prestigieux ancêtre, stérilisé dans son vocabulaire et pétrifié dans sa syntaxe ... On ne peut pas aimer le latin et en faire l'artefact pédagogico-culturel auquel il a été trop souvent réduit par le passé.

Mais il s'agit de le réintégrer, enfin débarrassé de contentieux devenus anachroniques, au cœur de l'école. Car, qu'on le veuille ou non, *il lui manque*. Sans lui, c'est l'intégrité civique de son projet, de son ambition, de sa promesse qui fait tragiquement défaut. C'est pourquoi il est temps de reconnaître ou de retrouver le latin comme la langue tout à la fois *ancienne* du français, envers laquelle nous sommes pour toujours endettés, et pour autant *seconde*, puisqu'elle est à réapprendre par tout un chacun. Une langue propre à devenir le fer de lance d'une raison éducative, pleinement «républicaine». Le latin est la vraie *res publica*, la chose et l'affaire de tous, qui permet à chacun d'habiter sa langue, quelle que soit l'identité dont il se réclame, et de faire entendre en elle ce qu'il veut, pour lui-même et pour ses concitoyens.

C'est donc sur ces bases radicalement nouvelles que nous préconisons l'apprentissage obligatoire du latin à l'école, ainsi que la réforme de la formation des professeurs qui en résulte. Et nous osons le paradoxe : parce que cela n'a *jamais* été tenté, cette proposition est une proposition d'avenir. Elle vise à rendre au latin sa modernité fondamentale, sa modernité d'avant même les «Temps modernes», et dont notre époque a profondément besoin. Moderne : quiconque a conscience de venir après, et n'en fait pas un drame, mais une chance.

Chapitre 1

Le latin, langue de la République

Le latin, encore? Le latin, aujourd'hui? Et le latin, pour *tous*, vraiment?

Les adversaires du latin, vent debout contre toute réforme censée lui assurer sa place légitime dans le système éducatif, brandissent volontiers le slogan du « latin poussiéreux », allié dérisoire d'un humanisme cacochyme. Forts de cette rengaine, les chevau-légers de la modernité ont entériné et banalisé la vulgate d'un latin élitiste, marqué au fer rouge d'une telle infamie. Dans ces conditions, quel paradoxe à défendre un latin « refondateur », compte tenu du poids des préjugés, des raccourcis et des contresens qui se sont accumulés contre cette discipline! Qui veut du latin, langue d'une Antiquité et d'un Moyen Âge avec lesquels la modernité aurait rompu, langue du pouvoir et de l'Église, langue de l'Ancien Régime balayée par le français laïc et républicain?

Pourtant, l'évidence est bien là. Langue morte, le latin? Inlassablement il parle en français, à chaque coin de phrase. Langue du passé, de la tradition, des vieilles autorités? Il est pourtant omniprésent dans le vocabulaire des institutions, éducatives («éducation», «instruction», «collège»...), démocratiques et républicaines («État», «république», «justice», «égalité», «élection», «candidat», «suffrage», «référendum»). Soulignons au passage le caractère très hexagonal de ce procès en illégitimité, qui est sans équivalent au-delà de nos frontières. Personne, en Italie ou en Allemagne, ne lui ferait le reproche de bâillonner la langue. Et, à titre de comparaison, on pourrait relever le parallèle entre le latin et le chinois littéraire, langue de haute culture, vieille de presque trois millénaires, et que le Parti communiste chinois n'hésite pourtant pas à faire apprendre à tous les collégiens de Chine!

Bien sûr, un formidable rendez-vous a été manqué au lendemain de Mai 68, dans ces années où l'on a prétendu, au nom de la démocratie, délivrer le français du verrou du latin. Il fallait certes rénover, refonder un latin scolaire trop souvent enfermé dans un apprentissage dogmatique et routinier. Il fallait faire de ce latin un ancrage culturel démocratique pour toutes les disciplines. L'occasion était d'autant plus belle que, dans le même temps, les grands comparatistes des langues anciennes, Saussure, Meillet, Dumézil, Benveniste, Martinet, Barthes, inspiraient un renouvellement radical des études littéraires. Mais les mesures prises alors sont allées à l'encontre de cet *aggiornamento* nécessaire.

Alors, et puisque qu'il semble avoir conservé aux yeux de beaucoup la trace de ces mauvais procès, osons dégager le latin des malentendus dont il a été victime, de la part de ses ennemis comme, malheureusement, de certains de ses « défenseurs » !

Le latin, langue de la distinction ?

Première idée reçue : à rebours de l'égalité républicaine, le latin serait au service de la reproduction des élites, de la distinction des classes, de la domination des minorités.

Reconnaissons-le : cela a failli être vrai. Le latin, dans l'école de naguère, et comme le rappelle avec humour Mona Ozouf dans *Composition française*, était bel et bien synonyme d'appartenance à un milieu, à une culture, à un pouvoir intellectuel et social. Connaître « son » latin, c'était intégrer une élite – quitte à renoncer à soi-même.

Mais n'allons pas trop vite ! Ce qui fait la « distinction » d'une discipline, d'une langue, d'un savoir, ce n'est pas son contenu. C'est l'initiation socio-culturelle différenciée dont il bénéficie. Or qui niera qu'aujourd'hui c'est dans l'accès au français et à l'anglais que l'inégalité est la plus forte au sein des familles et des milieux sociaux ? Et qui prétendra qu'elle ne tend pas à s'aggraver sans cesse, du fait des fractures grandissantes dans la société ?

Il y a de fait belle lurette qu'a pris fin l'instrumentalisation du latin à des fins de sélection sociale et idéologique, belle lurette que la culture des humanités a cessé d'être celle des « héritiers » pour devenir celle d'une marge, de plus en plus minoritaire : 3 % de latinistes en terminale et 0,8 %

d'hellénistes en 2022[1]... D'ailleurs, ironie du sort ! Le latin, déserté par des élites néolibérales plus soucieuses de parler une langue décolorée de pure « transaction commerciale », se voit parfois investi dans les classes par ceux-là mêmes qu'il était supposé exclure...

Personne ne naît « dans » le latin. Personne n'a un accès privilégié à sa pratique. Et c'est là une chance extraordinaire. Parce que le latin n'est la langue maternelle de personne, il peut être la langue de tous. C'est pourquoi, enseigné à chacun, il est le plus formidable outil scientifique et démocratique dont on dispose pour l'acquisition d'une pleine maîtrise de la langue. Rendre obligatoire le latin, pour tous, dès la 6e, c'est donc refuser les ségrégations. C'est se réapproprier cette *res publica* par excellence que devrait être le français.

1. Philippe Cibois, « Enseignement du latin : évaluation et perspectives », https://enseignement-latin.hypotheses.org/14937

Le latin, valeur refuge des replis identitaires?

Mais le latin n'évoque-t-il pas aussi la nostalgie de l'école d'autrefois, creuset d'un nationalisme autoritaire et d'une assimilation brutale, au nom d'une ascendance romaine et chrétienne largement fantasmée?

Oui, il est urgent de le montrer: loin de constituer un défi à la mémoire culturelle des élèves issus de populations immigrées ou naguère colonisées, loin d'imposer un «roman national» de bien mauvaise littérature, l'apprentissage du latin peut et doit instituer un partage du commun, qui rejette à la fois l'assimilation arbitraire et le multiculturalisme de façade.

Soulignons d'entrée de jeu le paradoxe à voir revendiquer par une droite dite «nationale» l'héritage du latin. L'esprit romain, ce n'est pas seulement le «*mos maiorum*» (les coutumes des ancêtres) et *delenda est Carthago* («il faut détruire Carthage»)! Le latin a été une langue d'emblée métissée. Rome s'est faite l'adepte du *sanguinem temperatum*, le «sang mêlé», comme le proclamait l'empereur Claude dans le discours que lui prête Tacite, et qui défendait l'entrée au Sénat des notables gaulois romanisés. Rome, « ville rapiécée d'étrangers », comme s'en enchantait encore Montaigne, ville à l'origine inassignable, bouscule donc allègrement le particularisme identitaire. De sorte que son nomadisme culturel, inlassablement rappelé par ceux qui la connaissent le mieux, aurait dû la mettre à l'abri de toute appropriation essentialisée.

Au reste, un simple rappel historique : le latin n'est pas le romain. Le latin a survécu à l'Empire : langue choisie pour son prestige comme langue administrative et éducative par Charlemagne, il a été parlé, tout au long du Moyen Âge et bien au-delà, par des populations issues des Burgondes, des Vandales, des Goths, pour ne rien dire des migrations ultérieures. Nous ne descendons ni des Gaulois, ni des Romains. Par le latin, le français fait de nous les concitoyens d'une langue de culture, parlée et écrite jusqu'aux temps modernes, et qui ne s'est jamais confondue avec une ethnie.

C'est pourquoi le latin est le contraire d'une prison identitaire. Les Romains, auxquels nous sommes en grande partie redevables de notre langue, offrent l'exemple d'une reddition tranquille au magistère culturel de l'autre. Le latin a toujours pensé sa secondarité comme une chance. Car elle lui a permis d'être le trait d'union constant entre cultures différentes, y compris extra-européennes. La pensée musulmane tout comme la pensée juive du Moyen Âge sont devenues parties intégrantes de l'héritage gréco-romain grâce au latin. On se souviendra que c'est en arabe que la *Métaphysique* d'Aristote est revenue en Europe, et, traduite en latin, qu'a pu la lire Thomas d'Aquin, qui ne savait pas le grec.

Parce que le latin a été langue d'un empire «multiculturel» avant d'être celle d'une Europe multilingue, il a donc été très tôt marqué par le bilinguisme et le va-et-vient constant entre identités multiples. C'est pourquoi il est langue de naissance de la traduction. Plaute et Térence transposent Ménandre. Cicéron, après Lucrèce et au seuil de la latinité philosophique, théorise la *translatio* des termes-clés de la philosophie grecque, inaugurant ainsi une conceptualité latine dont notre lexique philosophique est encore riche. Et Érasme, au XVIe siècle, entreprendra de retraduire la Bible... dans un meilleur latin que saint Jérôme.

Par conséquent, loin d'être la valeur refuge d'un repli identitaire, le latin a toute sa place émancipatrice et critique dans un débat contemporain où la compétition des particularismes, de droite comme de gauche, nous sursature d'identités. Parce qu'il ne se laisse enfermer dans aucune définition historique, culturelle, ou généalogique close, il peut être au service d'une appartenance commune.

La latin, vestige inutile d'un passé révolu, à l'ère de la globalisation, des sciences sociales et cognitives, du numérique?

Dernière objection: pour la compréhension de notre présent, à l'heure du développement des langues étrangères, des sciences sociales et cognitives, des technologies du numérique, l'enseignement du latin ne serait-il plus qu'une discipline démodée, anachronique? Ce dernier procès ne pèse pas plus lourd que les précédents: quelques rappels de bon sens!

Les langues étrangères: oui, mais enfin le latin, première langue vivante de l'Europe, est le socle commun des langues romanes. Il permet un apprentissage du système des flexions, il est une école de traduction et non pas seulement de pratiques *in situ*.

Les sciences sociales : la génération des historiens comme Braudel, Le Goff, Duby, « accablée de latin », aurait-elle été un tant soit peu empêchée par lui… ? La lecture de Bourdieu ne nous fait-elle pas rencontrer à chaque page un corpus de mots latins, devenus presque une vulgate, par exemple *habitus* et *illusio* ? N'est-ce pas, au passage, souligner toute la force critique d'un bilinguisme qui, faisant entendre le latin sous le français, met au jour la complexité du jeu et du masque, de la transparence et de l'opacité ? Les sciences cognitives ne comptent-elles pas parmi leurs devanciers, notamment dans le domaine de la psycho-linguistique, un romaniste comme Gustave Guillaume ?

Quant au numérique, sans s'arrêter sur la féconde genèse latine du mot *ordinateur*, rappelons qu'Henriette Walter, dans la conclusion de son essai *Honni soit qui mal y pense*, n'hésite pas à avancer que c'est la plus grande fidélité de l'anglais au latin qui a facilité la promotion en flèche de cette langue dans la transmission du savoir scientifique numérique.

Sur 490 termes anglais glosés dans les brochures numériques, il y en a 80% d'origine latine….

Loin d'être une discipline isolée, le latin est donc un savoir pluriel, fondamental, dont tous les autres ont besoin. C'est pourquoi il est vital pour une République du XXIe siècle, soucieuse d'offrir à tous ses jeunes citoyens les moyens d'affronter un monde complexe et fragmenté. Il est pour eux le gage d'une culture générale solide, quel que soit leur domaine d'intervention dans la cité.

Son actuelle marginalité est le résultat d'une politique démagogique qui, d'abandon en abandon et sans débat de fond, a fait triompher une approche libérale et court-termiste de l'école, à rebours de sa finalité républicaine. Le latin n'est pas ce signe anhistorique, muet, que d'aucuns rêvent de faire de lui, en le réservant, héroïquement enseigné à la marge, à une minorité « humanistico-littéraire ». C'est exactement le contraire : sa formidable réserve de sens et de savoir, fruit de sa féconde inactualité, invite à regarder audacieusement le présent sans lui être soumis, à agir, comme disait Nietzsche, « contre le temps, donc sur le temps, et, espérons-le, au bénéfice d'un temps à venir[1] ».

---

1. Nietzsche, *Considérations inactuelles II*, « De l'utilité et des inconvénients de l'histoire pour la vie », dans *Œuvres I*, éd. Marc de Launay *et al.*, Paris, Gallimard, coll. « Bibliothèque de la Pléiade », 2000, p. 500.

Chapitre 2

Le latin, langue intérieure du français

Mais ce latin, riche de toutes les vertus, langue d'une république théoriquement « offerte » à tous, doit-il vraiment être obligatoire au même titre que l'instruction obligatoire ? Ne suffirait-il pas de l'étudier en option ?

Oui, c'est bien le cœur de notre proposition : sans le latin obligatoire, il manquera toujours quelque chose à la maîtrise de la langue française. Il faut oser cet électrochoc, si l'on veut réinsuffler du sens dans une école profondément désorientée.

Le latin et la langue française

Disons-le, redisons-le d'entrée de jeu : le latin n'est pas une langue ancienne parmi les autres, il est *la* langue ancienne du français. Il n'est à ce titre commutable avec aucune autre langue.

Bien sûr, la filiation linguistique du français est multiple et mélangée : il n'y a pas plus de pureté de la langue française qu'il y en a eu de sa langue mère, le latin, langue, entre autres apports, truffée de mots grecs. Certes, comme le dit Derrida, il y a plus d'un père et d'une mère à l'œuvre dans la fabrication d'une langue de culture. Mais enfin, s'agissant du rapport du français au latin, la question de la filiation, si conflictuelle soit-elle, est pleinement légitime.

Aussi bien, il serait temps de faire intelligemment nôtre le pari de Saussure : « faire crouler enfin ce dualisme de carton qui nous obsède sous le nom de français et latin... Le français ne vient pas du latin, il *est* le latin[1] ». Le français n'est rien d'autre qu'un latin *continué*, comme le sont toutes les autres langues romanes.

Mais l'essor du français offre cette singularité que, tout en étant la première des langues romanes à s'être émancipée du latin, il n'a pas cessé pour autant de se développer sous

1. Ferdinand de Saussure, *Écrits de linguistique générale*, Paris, Gallimard, 2002, p. 153.

l'égide et la tutelle du latin. Le latin, le français l'a, pour reprendre une épigraphe célèbre de Rousseau, *intus et in cute*, « à l'intérieur et dans la peau ». Il est le fonds dans lequel la langue française puise et n'a cessé de puiser aux différentes étapes de son histoire. Le français s'est en effet tour à tour éloigné et rapproché du latin, dans un phénomène original de relatinisations successives de son lexique – ce que le grand linguiste Alain Rey appelait les « inondations du latin » – faisant du français une « langue deux fois latine ». Qu'on le sache ou non, qu'on le veuille ou non, l'héritage du latin dans le français a opéré entre les deux langues un commerce intime. Nous avons le latin « sur le bout de la langue ». Nous le parlons dans chaque phrase, comme une seconde langue interne à la première. Le latin, c'est le bilinguisme clandestin du français.

Mais avec le latin, le français hérite, et c'est une chance, d'un fécond paradoxe. Mère du français, la langue latine est devenue très vite, au fil de son histoire, *ars grammatica*, une langue de distance, une langue éternellement seconde. Telle est la condition du latin : n'être la langue de personne et être la langue de tous, langue sans locuteur natif et donc toujours prête pour l'adoption. Le latin, c'est non seulement le bilinguisme du français, mais le bilinguisme de toutes les langues qu'il a marquées. Un outil complexe, élaboré, devenu très vite la métalangue des langues de culture et plus largement la langue de l'échange intellectuel, toutes disciplines confondues, pendant dix-huit siècles de vie active.

L'héritage du latin a donc assuré à notre langue sa colonne vertébrale, une étonnante et précieuse stabilité, celle qui permet encore aujourd'hui, « à bonne école », dirait une fois encore Derrida, de lire Descartes, La Fontaine, Molière, Voltaire ou Victor Hugo. Qu'on se rappelle le mot de Ponge : « Quelle fierté pouvons-nous concevoir de parler encore à peu près la même langue qu'alors[1] ! » Mais avec l'insistance si troublante de cette altérité latine en son sein, le français a hérité aussi d'un « estrangement » à soi-même : une capacité à se déplacer, à s'éprouver, à s'expérimenter comme autre.

---

1. Francis Ponge, *Pour un Malherbe*, Paris, Gallimard, 1965, p. 210.

Alors, oui, « le français sort du latin comme un enfant du sexe de sa mère » (Pascal Quignard[1]). Mais la langue française doit aussi compter avec cette vertu de décentrement qu'elle doit au latin, qui ménage en elle un ailleurs, un espace de significations, de ressources, qui continue à parler en elle, à la faire bouger de l'intérieur.

Il faut donc méditer, à nouveaux frais évidemment, la boutade de Saint-Marc Girardin : « Je ne demande pas à un honnête homme de savoir le latin, il me suffit qu'il l'ait oublié. » Car ce latin « oublié », ce n'est pas un « accent de classe », c'est le français maîtrisé, habité, rendu pleinement sien. Pourquoi ce fonds serait-il réservé à certains plutôt qu'à d'autres, pourquoi ne serait-il pas ce socle plus général que le lycée « général » ? Si le français est obligatoire, le latin doit l'être aussi et il doit l'être pour tous, au nom de l'égalité républicaine devant la langue, et quel que soit le débouché des élèves au moment de l'orientation en fin de 3e.

1. Pascal Quignard, *Les Larmes*, Paris, Grasset, 2016, p. 152.

Dès lors, le slogan un peu figé, si souvent brandi sans distance, «le latin pour apprendre le français», peut et doit retrouver toute sa pertinence, car il répond à un objectif autrement plus efficace et ambitieux.

Le latin, langue ancienne du français, ouvre en son sein des espaces de significations et de réflexion, justement parce qu'il est la langue «intérieure» du français, langue par laquelle il devient possible d'habiter pleinement celui-ci. Non pas comme un chez-soi casanier, mais comme une maison à la fois familière et étrange, qu'on n'en finit pas de parcourir, où subsistent des endroits secrets, «des couloirs inextricables, qu'il faut longer, parcourir pour les comprendre en diachronie[1]». Oui, la connaissance du latin permet de penser dans sa langue, de l'éprouver comme un objet-mémoire au lieu de la cantonner (dans le

1. Alexandra Cunita, «Le lexique est la mesure de toutes choses», in François Gaudin (dir.), *Alain Rey, vocabuliste français*, Limoges, Lambert-Lucas, 2011, p. 84.

meilleur des cas !) à un usage strictement transactionnel et communicationnel (en quoi le français n'est pas mieux placé, et même moins bien, que le *global English*...).

Prenons l'étymologie, puisque les programmes officiels insistent volontiers sur sa « force éclairante » ! Science précieuse et délicate, mais dont il est temps de sortir d'une vision superficiellement érudite, ou naïvement fétichiste. L'étymologie bien comprise oblige d'abord à prendre acte que le sens actuel d'un mot ne met pas un terme à l'ancien. Rien ne se perd dans la langue, disait Saussure. L'essentiel n'est pas seulement de savoir d'où vient le mot, mais d'être à même de reconstituer son parcours, forcément accidenté, dans le temps. C'est ce qui faisait dire à Antoine Meillet, le grand linguiste de la langue latine, que le sens d'un mot résulte de la totalité de ses emplois.

Or, à l'heure du numérique, de la grande « retraite du mot », de la tendance à la monosémie, à la déperdition du champ symbolique du langage, de l'invasion des « éléments de langage », il importe plus que jamais de savoir et d'entendre ce que les mots continuent à dire, dans, à côté, et parfois étrangement contre leur signification usuelle.

Un exemple : le secret (*secretum*) n'est pas d'abord un non-dit, la mutité d'un dire empêché, mais un lieu réservé, écarté, où se tient justement une parole, mais pour d'autres oreilles… Et puis un autre : la simplicité (*simplicitas*, de *simplex*), comme le rappelle Mariel Mazzocco[1], n'est pas ce qui se donne de soi-même, immédiatement, ce qui « ne fait pas un pli » (*sine, plex*). C'est au contraire ce qui est plié *une seule fois* (*semel plex*). En quoi la plus « simple » des significations en abrite toujours une autre, sans perdre de sa force signifiante et éclairante…

Tels sont donc, cachés dans les plis du français, ces mots-spectres, tout à la fois proches et lointains, qui viennent à notre rencontre et qu'évoque Klossowski :

« Mais parfois se glissent entre deux mots d'usage quotidien, quelques syllabes des langues *mortes* : mots-spectres qui ont la

1. Mariel Mazzocco, *Éloge de la simplicité*, Paris, Bayard, 2021.

transparence de la flamme en plein midi, de la lune dans l'azur; mais dès que nous les abritons dans la pénombre de notre esprit, ils sont d'un intense éclat[1]. »

Rien n'est plus important pour un usage averti de l'étymologie que d'être attentif à ce que nous dit le mot de son itinéraire dans la langue. Un itinéraire qui engage à la réflexion, à la perplexité, et qui demande un peu de flair et beaucoup d'habitude. Quand la signification (N signifie *A*) se multiplie et qu'elle oblige à un choix, à une réflexion, à une méditation, le sens devient jugement : N est-il *A* ou *B*, le secret est-il silence ou confidence, la simplicité un livre ouvert ou replié ? Apprendre à lire les mots comme on lit des visages, s'orienter dans la langue tout autant que dans la pensée, tel est le fécond cheminement qui faisait dire à Benjamin, citant Kraus : « Plus on regarde de près un mot, plus il vous semble vous regarder de loin » …

---

1. Pierre Klossowski, *Le Bain de Diane*, Paris, Gallimard, 1980, p. 8.

Il ne s'agit évidemment pas de sacrifier l'usage, le mot en synchronie, ce que le même Saussure appelait la face temporelle de la monnaie des langues. La sagesse de la langue nous installe, qu'on le veuille ou non, dans son jeu antagonique entre innovation et conservation. Il ne s'agit pas de corseter la langue dans un usage vieilli : le sens actuel du mot « honnête » est évidemment aussi important que son sens ancien ! Là-dessus, Horace avait déjà tranché, rappelant avec une belle justesse, dans son *Art poétique*, la souveraineté du « si l'usage le veut[1] ». Pas question non plus de s'en remettre à la « vérité » de l'*etumos logos* : celui-ci réserve bien des surprises, comme l'a montré Alain Rey, latiniste averti, à l'occasion de ses réjouissants « Mots à découvert ». Non, il s'agit d'être en mesure de se remémorer sa langue à l'aune de son matériau historique, pour ne pas rester enfermé dans un emploi mécanique et routinier des mots. Ils sont nombreux, trop nombreux, les collégiens qui n'« habitent » pas ces mots, « classe », « candidat », « collège », « élection », « délégué », « vote », cadre déjà social d'un vivre

1. Horace, *Art poétique*, v. 70.

ensemble, qu'ils utilisent pourtant au quotidien sans savoir de quoi il retourne. Pourquoi cette opacité irait-elle de soi?

D'autre part, faire valoir le latin comme «une gymnastique utile de l'esprit», à juste titre précieuse pour l'apprentissage du français, demande aussi quelques précautions. Le latin permet certes de renouer de manière concrète, efficace et ambitieuse avec l'analyse grammaticale et l'étude de la syntaxe. Mais il ne s'agit pas de dire que le français trouve dans le latin l'explication de sa structure fondamentale et de son génie. Les linguistes de la langue latine ont bien montré qu'une langue ne reproduit pas nécessairement les traits de sa langue mère.

Mais si le latin ne dispose pas d'une vertu supérieure en matière de logique, il possède, du fait de son caractère flexionnel déconcertant, du phénomène complexe de l'inversion (gage par parenthèse de son singulier potentiel poétique), des vertus grammaticales et syntaxiques qu'il serait carrément absurde de nier. Le but reste celui d'une pleine possession des ressources sémantiques, syntaxiques et expressives de la langue. Car elle est indispensable pour cette pensée complexe et argumentée que l'on n'attend pas seulement d'un élève qui écrit une dissertation, mais d'un citoyen qui fait entendre ses convictions.

C'est pourquoi le mathématicien Henri Poincaré, à qui l'on doit la formule de «gymnastique utile de l'esprit», entendait bien en défendre toute la fécondité, et soulignait magistralement ce que la grammaire française doit à la version latine:

«L'analyse grammaticale! mauvais souvenir d'enfance. De mon temps, on en faisait beaucoup, et c'était très ennuyeux parce que chaque mot exigeait plusieurs lignes d'écriture où les mêmes formules se répétaient sans cesse avec une désespérante monotonie. Mais ces formules étaient abstraites et ne disaient rien à l'esprit des enfants. Je crois que la plupart des élèves des classes primaires finissent par y réussir, mais en se servant de règles empiriques; pour eux, par exemple, le mot qui est avant le verbe, c'est le sujet; celui qui est après, c'est le régime direct, mais ils ne se rendent pas compte des véritables rapports que ces mots expriment. Il n'en est pas de même avec le thème et la version; de semblables artifices ne sont plus de mise, l'élève doit remplacer les mots les uns par les autres, et mettre ces mots au cas convenable, ce qui l'oblige à réfléchir sur leurs rapports mutuels. Ce ne sont plus, d'ailleurs, des formules abstraites qu'ils manient, mais des mots dont chacun a sa physionomie propre, et qui sont encore un peu vivants[1]. »

On le voit : de cet apprentissage obligatoire du latin, mémoire d'une langue française qui lui doit en grande partie son lexique, son génie syntaxier, sa légalité graphique, ses vertus tout à la fois de réappropriation et de décentrement, résulte la capacité de s'arracher à l'évidence du tout-venant de la langue maternelle. C'est pourquoi toutes les disciplines, en tant qu'elles reposent d'abord sur des textes, restent et doivent lui rester redevables.

Il est donc parfaitement raisonnable qu'un professeur enseignant dans un collège ou lycée,

---

1. Henri Poincaré, « La science et les humanités », 1911, cité par Gilbert Tournier, « Les vertus du latin d'après certains savants », *Bulletin de l'Association Guillaume-Budé*, n° 2, juin 1960, p. 217-227.

et quelle que soit la matière qu'il enseigne, dispose d'une connaissance solide, grammaticalement solide, de la langue française, *via* le latin qui en est le substrat linguistique et historique. C'est ici que se fait montre la formule si juste encore de Poincaré : « On n'apprend pas le latin comme une langue vivante, on l'apprend *pour l'avoir appris.* »

Alors oui, le latin est le sésame d'une pratique réfléchie et instruite de sa propre langue. Bien sûr, il ne s'agit pas de dire qu'il faut connaître le latin pour parler le français. On peut très bien parler, écrire et créer en français sans connaître un mot de latin. Surtout quand on a eu la chance d'avoir des maîtres qui en avaient fait, ou qui, sans en avoir fait eux-mêmes, ont reçu l'enseignement de maîtres qui en avaient fait... Mais comme on apprend mieux avec le latin ! Et comme le latin ferait gagner du temps !

Ne craignons donc pas de l'inscrire au programme de toutes les classes, et de tous les élèves du collège. On verra que, loin de dégoûter de jeunes esprits qui ne demandent pas mieux que d'apprendre, c'est le français, c'est l'ensemble des disciplines qu'il rendra plus digestes. Et c'est encore Poincaré qui le dit : « Oui, il y a des hommes à l'estomac de fer qui peuvent digérer sans avoir mâché ; cela n'empêche pas que la Faculté a toujours recommandé de bien mâcher... »

Chapitre 3

Des propositions neuves et audacieuses

« Mais proposez-la, votre réforme ! », s'écrieront les adversaires du latin, qui verront dans le latin obligatoire une lubie fantastique, anachronique, irréalisable. Nous les prenons au mot !

Nos propositions impliquent évidemment une refonte radicale du système français dit « classique », enfermé actuellement dans un « patriotisme disciplinaire » dont il ne faut pas sous-estimer l'éventuel confort... Car nous ne voulons plus des « professeurs de lettres classiques », non plus que des « professeurs de lettres modernes », non plus que des « professeurs de français » ! Nous voulons des *professeurs de lettres.*

Il ne s'agit pas ici de formuler un plan détaillé de réforme : celui-ci demande réflexion, débat, concertation. Mais si l'on ne veut pas retomber dans les dérives en cours, et renouer avec des décennies de réformes en trompe-l'œil, il faut poser un principe fondamental, incontournable, non négociable, dont tout le reste pourra découler : mettre un terme au statut optionnel du latin, en assurant son caractère obligatoire en tant que discipline autonome, de la 6e à la 3e, *a minima*.

Dissiper les malentendus

Commençons, encore une fois, par dissiper toutes les confusions et les malentendus qui ont fini, année après année, par paralyser le débat : tronc commun *versus* option, latin *versus* grec, grammaire latine *versus* civilisation antique…

Sur la notion d'option, d'abord, si calamiteusement appliquée à l'enseignement du latin. La notion d'option peut concerner l'approfondissement d'un savoir existant, avec en particulier l'apparition d'une branche nouvelle de ce savoir. Elle peut être rendue nécessaire par l'obligation de choisir, par exemple entre des langues vivantes, ou entre plusieurs formes d'arts visuels ou plastiques. Mais, pour les raisons essentielles rappelées plus haut, le latin n'est évidemment pas un savoir nouveau ! Et il n'y a pas d'alternative en face de lui pour entrer, pour habiter pleinement dans le français. Nous le redisons avec force : s'agissant de la langue française, le latin n'est pas une langue optionnelle, parce qu'on ne choisit pas le latin, ou plutôt on n'a pas le choix : c'est le latin qui s'impose, qui nous saisit[1], qui nous choisit. Même s'il correspond aujourd'hui, hélas ! à une certaine réalité dans les faits et dans les esprits, le statut optionnel du latin est un défi à l'intelligence.

La question du grec, ensuite. L'alternative proposée, latin ou grec, n'est justifiée ni par la tradition, ni par l'usage, ni par le bon sens. Les hellénistes que nous sommes, par profession et/ou par passion, n'entendent évidemment pas négliger un tant soit peu le formidable apport du grec dans la langue française, non plus que dans les langues européennes et internationales. Nous savons bien qu'à ce titre l'*utraque lingua*, « l'une et l'autre langue », constitue comme l'ADN de la culture. Les Romains le savaient déjà, qui

1. Hubert Aupetit et Cécilia Suzzoni (dir.), *Sans le latin...*, Fayard, coll. « Mille et une nuits », 2012, p. 43.

se sont d'emblée sentis culturellement grecs, comme nous après eux continuons à nous sentir grecs, comme se sentiront grecs après eux Averroès et les intellectuels arabes.

Mais il s'agit de bien mesurer de quoi nous parlons, à propos de quoi, et dans quel cadre – celui de l'enseignement du français. Or il y a évidemment asymétrie du grec et du latin : le français vient de celui-ci, non de celui-là.

Quelle que soit la part du grec dans le latin, l'on ne « parle » pas grec en français comme l'on « parle » latin en français. Comme le grec, et largement *via* la formidable *translatio* pratiquée par les Romains, le latin est devenu une langue de culture, « langue entièrement filtrée par une littérature », rappelait Julien Gracq[1].

Mais il se trouve qu'il est devenu aussi, linguistiquement, historiquement, littérairement parlant, genèse et flux vivant de la langue française. On pourra tout essayer pour l'*estrangiser*, il reste notre *autre* le plus proche. Ignorer, minimiser ce fait massif n'est qu'un méchant sophisme, qui nuit profondément d'ailleurs à

1. Dernier inédit de Julien Gracq en février 2001 au journal *Le Monde*.

la force et à l'équilibre de l'*utraque lingua*, langue biculturelle de l'empire gréco-romain, dont la tutelle lexicale constitue encore le tissu culturel européen.

Libre à chaque collégien, par conséquent, de commencer ou non le grec en 4e, sur des bases d'autant plus ambitieuses qu'il en aura évidemment déjà entendu parler grâce au latin, et que lui sera devenue familière la pratique d'une langue flexionnelle. Gageons que ce choix apparaîtra comme le plus naturel, à toutes celles et tous ceux qui se seront découvert intérêt et goût pour les langues et les littératures anciennes. Mais, pour cela, rien à faire, il faut avoir commencé par le latin. L'actuelle mise en concurrence du latin et du grec, concurrence contre-nature, est le fruit du piège mortel d'un latin optionnel, renforcé par la logique consumériste des parcours à la carte. Elle est aussi, plus en amont, le résultat inconséquent de l'effondrement des études classiques au collège et au lycée. En résumé : le latin obligatoire ne se substitue pas au grec, il ne peut que lui profiter. Mais il n'est pas interchangeable avec lui.

Cette double réflexion devrait nous avertir enfin sur une dérive en cours. Sous couvert de développer le dialogue avec les sciences humaines – dialogue évidemment au cœur des langues classiques et que nous sommes les premiers à revendiquer (voir l'apport des grands linguistes et comparatistes, que nous rappelions plus haut) –, on prétend immerger prématurément collégiens et lycéens dans une approche volontiers antiquisante et anthropologique du corpus gréco-romain. Mais c'est, ce ne peut être qu'au détriment de l'accès direct et vivant aux textes. Cette dérive est au reste accentuée par toutes sortes de manifestations culturelles, médiatiques, certes intéressantes, mais qui peu à peu mettent systématiquement l'accent sur la civilisation antique, jusqu'à l'hypertrophie. Or on oublie que dans le même temps l'enseignement du latin et du grec dépérit, et assez des déplorations rituelles, dont on sait qu'elles ne mangent pas de pain…

Le syntagme « langues et cultures de l'Antiquité », intitulé d'un enseignement de spécialité en 1re et terminale et dont on s'est trop facilement, imprudemment accommodé, est tristement révélateur d'une telle dérive. Il éloigne de ce « triangle sacré français/latin/grec » auquel Jacqueline de Romilly tenait si fort. Il est aux antipodes de la belle réforme qu'elle préconisait, aux côtés de Jean-Pierre Vernant (qu'on ne saurait suspecter de méconnaître l'apport des sciences humaines !), d'une filière généraliste littéraire, avec latin évidemment obligatoire et grec optionnel. Aussi bien, il nous paraît essentiel que les termes propres « latin » et « grec » retrouvent eux aussi « le chemin de l'école » dans la nouvelle architecture que nous proposons.

Venons-en donc aux propositions.

Principes fondamentaux pour un apprentissage refondé du latin

Principe 1 : *De la 6e à la 3e, dans tous les collèges de France, un enseignement dédié au latin sera suivi par tous. Il sera doté d'un volume horaire significatif. Il débouchera sur une épreuve obligatoire au brevet des collèges.*

Pas question d'une simple option, pas question non plus de se contenter de contenus d'enseignements annexes. Le latin doit former une discipline autonome, prise en charge par un professeur de plein exercice, et donnant lieu aux mêmes évaluations que les autres disciplines. Pour cela, l'inscription d'une épreuve de latin au brevet, à côté du français, des mathématiques et de l'histoire-géographie, constitue une garantie indispensable.

Principe 2 : *Les professeurs de lettres doivent être recrutés à partir d'un concours unique comportant une épreuve obligatoire de latin.*

À notre proposition phare d'un latin obligatoire est suspendue la nécessité de refondre les trois agrégations actuelles – lettres classiques, lettres modernes, grammaire – en une seule agrégation de lettres, et les deux Capes existants (lettres modernes, lettres classiques) en un seul. Le latin serait l'objet d'une épreuve obligatoire de version, aux côtés des disciplines de tronc commun.

Le *sensus communis* pourra quand même juger de l'actuelle incongruité de cette agrégation « tricolore », sans exemple hors de nos frontières. Elle pose absurdement un double cursus, classique et moderne, pour enseigner de fait une même discipline : « le français » ! Et elle efface scandaleusement, dans l'agrégation de lettres dites « modernes », la présence du latin – on a presque honte de le rappeler

– au cœur même de l'histoire continuée de la langue française et de sa littérature.

Pas question pour autant, bien sûr, de s'aligner sur le modèle des actuelles « lettres classiques » ! Dans cette ambitieuse fusion, chaque agrégation antérieure pourra, devra apporter ce qu'elle a de meilleur. On pourrait ainsi imaginer, à côté d'un tronc commun littérature française-latin-langues vivantes, une option « lourde » permettant aux candidats de faire valoir leur profil : langues et littératures de l'Antiquité avec latin et grec, littérature moderne et contemporaine, littérature comparée, linguistique, lettres et arts (théâtre, cinéma, arts plastiques et musique)...

L'essentiel reste de mettre un terme à ce clivage, lettres classiques/lettres modernes, profondément contre-nature : il laisse croire à une possible indépendance de ces deux disciplines, il alimente une concurrence et un patriotisme disciplinaire ruineux.

Suggestions supplémentaires

Tels sont les principes fondamentaux, non négociables, rappelons-le. À côté d'eux, et pour donner matière à réflexion, on peut avancer des suggestions concrètes d'organisation de l'enseignement du latin, qui pourront être discutées et affinées dans une concertation plus globale.

Au collège, l'enseignement des lettres et du latin pourrait être compris comme un bloc à trois composantes, dont les rubriques ci-dessous constitueraient la substance de l'enseignement d'un *français raisonné* :

Littérature (étude d'œuvres françaises ou étrangères) ;

Grammaire, syntaxe et stylistique du français ;

Latin (langue et littérature de la latinité, de l'Antiquité à aujourd'hui).

Chacune de ces composantes devrait ainsi bénéficier d'un volume horaire propre, à décliner selon les niveaux (par exemple, respectivement 3h/1h/2h ou 4h/1h30/2h30).

Au lycée, l'enseignement du latin pourrait rester obligatoire en seconde générale et technologique (par différence avec le lycée professionnel). Il devrait ensuite, à partir de la 1re, être corrélé à l'actuel enseignement de spécialité Humanités, Lettres et Philosophie, sous une forme qui en maintient le volume horaire et l'exigence, et qui n'empêcherait aucun élève de suivre parallèlement un enseignement de grec s'il le souhaite. Il devra par ailleurs rester accessible à tous les élèves ayant adopté d'autres enseignements de spécialité qui souhaiteraient le prolonger et l'approfondir, que ce soit dans la voie générale ou technologique.

À l'université enfin, et selon des modalités à définir, l'enseignement du latin devrait être proposé dans l'ensemble des cursus de droit, de philosophie, de sciences humaines et sociales. Il pourrait être proposé au sein des Capes et des agrégations du secondaire, par exemple en histoire. Il en irait de même dans les instituts de sciences politiques et, pourquoi pas, dans certaines écoles d'ingénieurs ou de commerce.

Renouveler les méthodes d'enseignement du latin

Une telle refonte des disciplines et de la formation des professeurs doit évidemment s'accompagner d'un renouvellement des méthodes – déjà largement en cours – dans l'apprentissage du latin.

Oui, l'on doit remédier à ce sentiment harassant d'ennui que même les plus «amoureux du latin», de Valéry à Bonnefoy, disent avoir éprouvé dans leur apprentissage, sous la férule de maîtres souvent plus soucieux de routine confortable que d'efficacité pédagogique.

Un renouvellement des méthodes est donc nécessaire. Les exercices de la version et du thème doivent être compris à l'aune de la riche actualisation du «savoir latin», et systématiquement conduits par le souci intelligent et prioritaire de «donner du sens».

Il faut aussi ouvrir très largement le canon des œuvres étudiées, élargir, pluraliser le corpus des textes, au-delà des seuls auteurs romains. L'exigence reste que ces textes, encore une fois, soient des textes riches, stimulants. Ainsi, c'est tout le spectre de la latinité qui peut être parcouru, d'Ennius à Pascoli, en intégrant le néo-latin de la Renaissance, et sans négliger l'œuvre latine, étincelante de jeunesse, d'un Baudelaire ou d'un Rimbaud encore collégiens, mais déjà bien conscients de leur vocation poétique: «*tu vates eris*»! Ce peut-être aussi tout bonnement, et très tôt dans l'apprentissage d'ailleurs, le déchiffrage des nombreuses et fortes épigraphes de grandes œuvres, françaises et étrangères, dont on reste stupéfait, navré de la faible exploitation. Comment comprendre enfin qu'un auteur aussi fécond en matière d'initiation pédagogique et culturelle qu'Érasme ne soit pas abordé au collège – alors que tant de textes de cet auteur pleinement latin, « faciles » et passionnants, s'y prêtent !

Rendre le latin obligatoire n'a donc rien d'infaisable ou de saugrenu. Pourvu que les objectifs soient clairs, la mise en œuvre ne demande aucune autre révolution que celle de retrouver le nord, et d'aligner les boussoles.

Mais ce qui est à la clé, c'est une école refondée, retrouvée dans ses ambitions et ses promesses. Socle du pacte républicain, elle pourra ainsi renouer avec sa vocation la plus profonde : apporter un savoir généraliste, exigeant mais ouvert à tous, sur le fondement d'un latin au service du français, et par conséquent de toutes les disciplines.

Chapitre 4

Le latin à la croisée des savoirs

Le latin, parce qu'il est langue de la *res publica*, parce qu'il est langue intérieure du français, est donc la question *cruciale* de l'enseignement. Au sens propre et littéral de ce terme : il est à la croisée des savoirs, il est l'embranchement qui ne peut être manqué. C'est pourquoi il doit être au fondement d'une nouvelle alliance entre les disciplines du tronc commun. Osons parler ainsi d'un latin *doctrinal*, au sens noble et profond que lui donnait le grand antiquisant Jackie Pigeaud : un latin qui traverse les savoirs, qui les fait apprendre, qui libère entièrement leur potentiel de connaissance et de culture, tous domaines confondus.

Le poète et philosophe Michel Deguy parlait à juste titre, encore tout récemment, de « l'affaire importante du latin[1] ». De fait, le latin de la littérature française n'est pas seulement un latin de citation, mais le lieu d'une invention continuée de la langue.

Le latin a constitué pendant longtemps, et jusqu'à aujourd'hui, « l'espace désirable du littéraire ». Pensons à Montaigne et son art de la formule latine, qui crée le jeu de l'appropriation et de la désappropriation, de la réécriture et de la création permanente. Pensons à Du Bellay, qui parle de la Muse latine tantôt comme « terre nourricière », tantôt comme « bord étranger », tantôt enfin comme une maîtresse là où la langue française serait l'épouse : qui a dit que le latin était au service de l'ordre moral ? Mais c'est toute la poésie et la littérature contemporaines qui sont truffées d'écrivains « latins » : Hugo, Baudelaire, Rimbaud, Mallarmé, Valéry ;

1. Michel Deguy, « L'expérience pensive du poème », dans Aliocha Waldlasowski, *Pensées pour le nouveau siècle*, Paris, Fayard, 2008, p. 230.

aujourd'hui, Bonnefoy, Deguy, Quignard, Guyotat, Bergounioux, Prigent, Kaddour, Sollers ! Tous, il faut le dire, à la pointe de la modernité scripturale et *politique* dans la pleine acception grecque du terme !

C'est encore ce latin, revisité en ses strates successives dans l'*Énéide* traduite par Klossowski, qu'évoque Michel Foucault : une traduction, dit-il, qui « rejoint l'origine latine du français » *via* Virgile, « le souffleur de notre langue[1] ». Vertus aussi d'un latin « carrefour des études comparées en Europe », comme le rappelait George Steiner : il faut sans cesse revenir à ce lien qui unit les grands noms de la littérature européenne, et qui en assure la vraie, la puissante, la féconde lisibilité.

Il serait temps enfin qu'on en finisse, entre autres clichés éculés, avec celui des Romains « instituteurs musclés de l'Europe », ou celui d'une littérature latine « resucée grossière » de la littérature grecque… Il est urgent de redécouvrir, entre autres apports littéraires, la

1. Michel Foucault, *Dits et écrits*, t. I, 1954-1969, Paris, Gallimard, coll. « Bibliothèque des sciences humaines », 1994, p. 426-427.

puissance poétique de cette langue – plus de deux mille ans de poésie latine – et son formidable potentiel pédagogique. Nietzsche, lui, ne s'y est pas trompé :

« Jusqu'à présent aucun poète ne m'a procuré le même ravissement artistique que celui que j'ai éprouvé dès l'abord à la lecture d'une ode d'Horace. Dans certaines langues il n'est même pas possible de vouloir ce qui est réalisé ici. Cette mosaïque des mots, où chaque mot par son timbre, sa place dans la phrase, l'idée qu'il exprime, fait rayonner sa force à droite, à gauche et sur l'ensemble, ce minimum dans la somme et le nombre des signes et ce maximum que l'on atteint ainsi dans l'énergie des signes[1]... »

Le latin et les langues vivantes

De même, il est impératif de sortir de la rivalité stérile entre « langues mortes » et « langues vivantes ». Le latin a profondément informé

1. Nietzsche, *Crépuscule des idoles*, « Ce que je dois aux Anciens », §1.

les langues romanes : italien, espagnol... mais il est tout aussi capital de savoir l'entendre dans les langues germaniques, allemand et anglais, où les doublets saxon/latin (*freedom/liberty*, *Wirklichkeit/Realität*) sont une source inépuisable de sens. Il faut prendre acte des expériences déjà menées pour montrer la fécondité d'une étude des liens, lexicaux et syntaxiques, entre latins et langues vivantes.

Le latin, langue seconde, condition fondamentalement bilingue du français, est par excellence le moyen d'apprendre ce que « traduire veut dire ». Oui, il y a des mérites à la version latine dite « sèche » – ce qui ne signifie pas qu'elle doit être aride ! Apprendre à traduire, à donner du sens, par soi-même, sans la médiation obligeante mais orientée d'une grille de questions et d'indications parfois pesamment didactiques, c'est faire l'expérience de la littérarité de la langue, c'est entrer dans une relation directe avec un texte qui s'ouvre peu à peu devant soi. La version latine est la matrice de la version anglaise, allemande, espagnole, exercices pleinement littéraires qui font entrer dans l'intimité d'une langue.

Le latin peut ainsi servir de trait d'union entre les langues vivantes, au sein d'une approche qui met aussi bien l'accent sur la pratique linguistique que sur le fonds littéraire sans lequel une langue en reste à la pure extériorité de la communication et de l'*habitus* socio-culturel.

Le latin et les sciences exactes

On ne méditera jamais assez sur les affinités singulières et durables entre le latin et les mathématiciens, inlassablement rappelées par Henri Poincaré, Laurent Lafforgue, Cédric Villani. Mais, là encore, sachons nous garder d'un double malentendu.

Le rôle des sciences à l'école est et sera toujours un rôle de culture. Le raisonnement mathématique, l'expérimentation, les sciences de la vie et de la terre ne sont pas destinés à former des informaticiens ou des ingénieurs de collège, ils ne sont pas les prémices de la spécialisation et de la professionnalisation. Parce que la démarche scientifique reste le paradigme le plus puissant de l'enquête rationnelle, elle est un élément indispensable de la culture générale au sens fort et noble de ce terme.

C'est en ce sens que les sciences, les lettres et le latin concourent au même but, qu'ils se soutiennent mutuellement, qu'ils ne peuvent que tisser entre eux des liens irremplaçables.

Ce qui ne signifie pas bien sûr que le raisonnement mathématique recoupe exactement celui de la traduction, au nom d'une prétendue supériorité logique du latin ! Henri Poincaré a largement fait justice de cette trop naïve affirmation. Mais un raisonnement recourt à des compétences multiples : appliquer des règles et des théorèmes, mais aussi deviner des chemins, sentir des nuances, se méfier des déductions toutes faites. Et surtout, surtout, ce que n'importe quel professeur de mathématiques ou de sciences répète : savoir rédiger. Pas de sciences *exactes* sans les phrases et les nuances et les mots *justes*.

Cette alliance de l'esprit de géométrie et de l'esprit de finesse, que Poincaré voulait réaffirmer là où Pascal les avait disjoints, n'est pas un luxe pour la science, elle est la science, dans sa puissance d'inventivité, dans la liberté de la pensée se faisant. Et c'est le latin qui permet de s'y initier, parce que le jeu des flexions, des inversions, des substitutions, de la syntaxe, invite sans cesse à s'y exercer. Et parce qu'il le fait *jusqu'à l'intérieur du français* dans lequel, qu'on le veuille ou non, l'élève des sciences raisonne – comme il le ferait en anglais, en espagnol, en allemand, à partir du même substrat linguistique. Un problème de mathématique, de physique, de biologie, sera toujours un texte dans une langue, qui engendre un autre texte dans la même langue. Et le latin, comme on l'a vu, est *notre* sous-texte.

On dira que c'est l'anglais qui est la langue internationale de la recherche scientifique, pas le français. Très bien! Allez donc voir: combien de mots latins dans un article scientifique en anglais? Combien de mots latins, comme nous le rappelions, dans l'anglais informatique? À bilinguisme, bilinguisme et demi – ce demi-bilinguisme avec le latin, qui est la condition de presque toutes les langues européennes, comment le *scientific English* pourrait-il s'y dérober?

Le latin et le droit

S'il y a un domaine où, selon l'adage juridique, « le mort saisit le vif », c'est bien dans le domaine du droit !

Le latin, langue du droit, c'est une évidence. Cela se joue au niveau du lexique politique, judiciaire, administratif et civil dont l'Europe et le monde ont hérité, non moins qu'au niveau des idées philosophiques qui se trouvent au fondement du raisonnement des juristes.

C'est d'ailleurs au terme d'un processus complexe, rendu souvent conflictuel par le développement brutal de l'impérialisme romain, qu'il est échu à l'Empire romain tardif, d'Hadrien à Justinien, d'ordonnancer, de consolider, d'organiser au sens politique et social, un vaste ensemble de territoires qui, de l'Écosse à l'Égypte, de l'Espagne à l'Asie en passant par Vienne et Athènes, héritaient d'expériences historiques et de niveaux économiques et culturels différents. Il l'a fait par cette invention romaine unique, sans exemple, qu'est le droit. C'est cette œuvre d'unification, cette « *civitas universa* », qu'il convient de saluer, puisqu'elle a été admirée et regrettée aux époques suivantes.

Son langage, celui du droit romain, de ses catégories, de ses principes philosophiques, formulés en latin dans des textes capitaux pour comprendre le droit civil, est resté, et il continue à régir la vie de l'individu, la famille, la transmission et le commerce.

Les grands textes juridiques latins peuvent et doivent donc faire partie des lectures d'un bon programme de lycée. Ils le peuvent au sein du cours d'histoire, qui ne peut que gagner à s'ouvrir aux ressources textuelles du temps long. Mais ils le peuvent aussi au sein d'un enseignement juridique et civique qui y trouverait enfin les moyens de sa juste ambition. À l'heure de la montée des populismes et des extrémismes, donner enfin à la connaissance du droit et des institutions la place qui leur revient dans la formation du collégien est un réquisit démocratique et républicain, qui peut trouver dans le latin un allié extrêmement précieux.

Le latin et la philosophie

N'est-il pas temps enfin d'en finir avec le préjugé de philosophes un peu trop imprégnés d'arrogance philhellène? Oui, le grec est la langue de naissance de la philosophie, mais enfin, elle n'a pas depuis sauté à l'allemand ou à l'anglais... Faut-il le rappeler? La plus grande partie de notre lexique philosophique – raison, réalité, identité, subjectivité, conscience, principe, justice, équité... – vient du latin.

Le latin de Cicéron d'abord, génial traducteur du vocabulaire de la philosophie hellénistique, qui n'a pas seulement voulu le répéter, mais le transposer, dans toutes les harmoniques de la langue latine. Et qui n'a pas renoncé à élever à la conceptualité philosophique les réalités romaines les plus fondamentales, à commencer par le *jus*, lien fondamental qui permet de comprendre que l'État (*res publica*) soit précisément la *propriété* du peuple (*De Republica*). Celui de Sénèque, qui a introduit dans notre philosophie quelques-uns de ses plus beaux syntagmes, la tranquillité de l'âme, la constance du sage, la brièveté de la vie – une *brevitas* du style comme de l'existence, densité de chaque mot et de chaque instant pourvu qu'ils soient pleinement pensés[1].

---

1. On ne peut que renvoyer au beau chapitre consacré à Sénèque dans Nicola Gardini, *Vive le latin ! Histoires et beauté d'une langue inutile*, Paris, Fallois, 2016.

Mais c'est aussi à la géniale inventivité de la pensée médiévale et scolastique que nous devons de penser la *realitas* et l'*identitas*. Elle s'est poursuivie ensuite, tout au long de la Renaissance et de l'âge classique, par une philosophie qui a écrit en latin autant qu'en langue vernaculaire, passant sans cesse de l'un à l'autre, à l'instar de ce *Discours de la méthode* dont chaque élève de terminale apprend à la fois qu'il était écrit en français et qu'il contient le fameux *cogito ergo sum*.

C'est par le latin que le français est devenu une langue philosophique. Et c'est par lui qu'il le reste très largement. Puisque Jankélévitch est à la mode, qu'on l'ouvre et qu'on essaie d'en lire trois pages sans tomber, non seulement sur du grec, mais sur du latin, non traduit s'il vous plaît.

Quant à l'allemand philosophique, oublions un peu les étymologies grecques de Heidegger... Et rouvrons Kant, Kant qui écrit parfois latin en allemand, mais sait aussi jouer le latin contre l'allemand, et faire entendre la différence de l'*Autorität* et de l'*Obrigkeit*, de la *Realität* et de la *Wirklichkeit*. Rouvrons Hegel, rouvrons Arendt, sur la conceptualité latine du droit et de la politique. Rouvrons Nietzsche, qui trouve dans le latin une dette philosophique plus libre que dans le grec… Non seulement le corpus philosophique est un corpus qui doit à la latinité, mais la pensée philosophique y découvre parfois, non pas contre le grec ou contre sa propre langue, mais à côté d'elle, un autre air, et une autre manière d'écrire et de parler.

Mais le latin ne se résume pas au vocabulaire «technique» de la philosophie. Il est aussi, bien souvent, la meilleure, voire la seule manière de *prêter l'oreille* au français, et d'entendre, dans la polysémie de ses concepts les plus familiers, la possibilité d'un questionnement philosophique. La conceptualisation, démarche typique de la philosophie, ne peut amener la signification au concept, la définition au problème ou à l'argument, qu'en s'appuyant bien souvent sur le latin. C'est lui qui fait apparaître, comme on l'a vu, sous la simplicité du sens, des possibilités multiples d'entente, qui se déjouent les unes les autres. La passion (*passio*) est-elle la passivité de l'âme à l'égard des émotions et des désirs irréfléchis, ou, paradoxalement, la force motrice d'une puissance plus profonde que le soi? Le commerce, des biens, des hommes, des corps, est-ce l'échange mercantile et tarifé, ou l'enrichissement mutuel?

L'enseignement de la philosophie, avec Lucrèce et Cicéron à l'agrégation, a commencé depuis plusieurs années à redécouvrir la richesse de la latinité. Mais il trouverait dans une solide connaissance du latin au lycée une ressource extrêmement précieuse. Pour apprendre à penser dans sa langue. Pour que soit enfin réussie, en terminale, cette rencontre avec une manière de penser qui est d'abord un exercice réflexif sur ce qu'on dit et ce qu'on l'on ne sait pas toujours vouloir dire.

Pour la philosophie, le latin est plus qu'un lexique, c'est une manière d'entendre les paroles, d'explorer en elles, au-delà d'une analyse logique de l'énoncé, la conjonction du temps et du sens. Ce qui s'est dit dans un mot se dit encore, la langue n'est pas un objet temporel borné par un début et par une fin, mais une puissance expressive en métamorphose constante, qui ne peut être pensante que si elle est d'abord écoutée.

Le latin, à la croisée des savoirs, est donc au fondement de ces «nouvelles humanités» que l'on ne cesse, un peu partout, d'appeler de ses vœux. Sachons enfin entendre leur vrai sens, sans quoi elles ne seront que le gadget un peu *vintage* d'une pédagogie qui a perdu toute imagination.

Des humanités contemporaines ne pourront naître que d'une alliance inédite entre les disciplines par la médiation du latin : humanités linguistiques, littéraires et philosophiques ; humanités scientifiques, réunissant les sciences exactes et les sciences humaines et sociales ; humanités civiques, enfin, fondées sur le droit et la connaissance des institutions démocratiques.

Programme précieux, quand Bruno Latour a pu écrire que les sciences se trouvent dorénavant si mélangées à toute la culture que c'est par les humanités qu'il convient de passer pour les comprendre ! Aussi sommes-nous invités à recevoir son petit essai *Cogitamus*[1] comme un hommage rendu à la dimension universelle,

1. Bruno Latour, *Cogitamus. Six lettres sur les humanités scientifiques*, Paris, La Découverte, 2010.

encyclopédique du latin. Et puisqu'il est temps pour notre humanité d' « atterrir » et de renoncer à la fausse modernité d'une domination de la nature par les cultures, que le latin de Lucrèce, de Virgile, de Newton, soit pour notre époque l'apprentissage de la vraie gravité – *gravitas*, littéralement la qualité de celui dont les pieds sont lourds de la terre qu'il a foulée.

Conclusion

Faire du latin le « français de l'école », ce n'est ni plus ni moins qu'enseigner un français raisonné. C'est, par un latin obligatoire rénové, revu à l'aune de ses forces vives, refonder l'enseignement du français sur des bases scientifiques, historiques, et littéraires. C'est une exigence démocratique et un choix citoyen.

Car c'est bien une crise de l'instruction publique qui frappe aujourd'hui l'école française, une crise qui fait sentir ses effets désastreux, du primaire à l'université. Bien des malentendus autour du latin que nous nous sommes efforcés de dissiper sont le résultat de dérives démagogiques, impuissantes à trouver des solutions véritablement démocratiques aux problèmes rencontrés.

Les usagers de cette école, parents, élèves, professeurs, savent bien que les différentes réformes qui se sont succédé au sein de l'institution n'ont jamais abordé frontalement la débâcle normative qui touche l'enseignement du français. Qu'on ne s'y trompe pas : cette débâcle, toutes les disciplines en pâtissent, et à court terme les citoyens privés de ce capital symbolique, émancipateur, critique, que constitue la maîtrise de leur langue.

Par le latin enseigné à l'école, le français doit renouer avec la fécondité oratoire et critique qu'Alcuin assignait à la langue en lui donnant cette vigoureuse définition : *Quid est lingua ? Flagellum aeris* : « Qu'est-ce que la langue ? Le fouet de l'air... » Car habiter sa langue, de l'intérieur, c'est en faire un organe de compréhension du monde, et ce faisant, de résistance et de contre-pouvoir à la menace de toutes les forces obscures et rétrogrades. Il s'agit de mettre le latin au service d'une indépendance de la pensée, au service de la finalité que le plan Langevin-Wallon avait assignée à l'École de la République au sortir de l'Occupation : « une élévation continue du niveau culturel de la nation ».

Nous le pouvons, nous le devons, d'autant que nous disposons aujourd'hui des moyens les plus efficaces et les plus modernes, en matière de livres et d'outils numériques, pour reprendre le chemin de l'École républicaine. Avec une conscience humaniste, avertie, dessillée, délivrée de ses pesanteurs et de ses routines.

Nos propositions relèvent de l'utopie? Nous ne mesurons certes pas le possible sur l'existant! Et puis, « mesurer le possible sur l'existant », c'est bien ainsi que Rousseau définissait l'ignorance! Nos propositions sont à la fois légitimes et raisonnables. Oui, le latin bouge encore, et de quelle vie, dans chacune de nos, de vos phrases. Il résiste à tous les coups de boutoir inconsidérés qui s'obstinent à voir en lui une discipline fossile et encombrée. C'est la preuve que quelque chose de décisif s'est noué dans l'inconscient collectif, scellant un lien indéfectible entre la langue française et la langue latine, et d'une manière plus générale entre le latin et les savoirs. Ce n'est pas être *franchouillard* de le dire, c'est mesurer, à l'instar – réfléchissons-y! – des penseurs et écrivains les plus *modernes*, qu'une langue, a fortiori celle de l'école, ne saurait être à elle-même son propre présent.

C'est sans doute le sens de la malicieuse boutade de Michel Deguy : « La langue est chose trop sérieuse pour la laisser aux mains des linguistes... » De certains linguistes en tout cas, et faiseurs d'opinion, qui plébisciteraient volontiers un style *cool* dans l'école actuelle ! Mais pour autant les mêmes savent montrer à l'occasion, dans leurs propres écrits ou prises de parole, combien ils ont pour leur part « intériorisé » la langue française, ses difficultés, ses subtilités, ses chausse-trappes... Alors arrêtons cette imposture démagogique : nous voulons, quand on les interroge à brûle-pourpoint dans la rue, entendre nos concitoyens – simples journalistes, simples passants – parler le français qu'ils auront appris à l'école, un français qui ne prend pas un mot pour un autre, qui ne sombre pas *illico* dans le cliché du jour, qui tout simplement sait « ce que parler veut dire ».

Face à « l'ignorance têtue qui préside au destin du français et de son enseignement », comme s'en plaint le poète Jacques Réda[1], le moment est favorable pour une véritable

1. Jacques Réda, « Absence de la poésie? », *Le Débat*, n° 54, mars-avril 1989, p. 185.

commutatio rerum, un véritable tournant. Nous savons, nous voyons, nous lisons, que des voix s'élèvent, de plus en plus nombreuses, pour s'inquiéter avec nous, pour alerter sur la nécessité d'enseigner le français sans complexes et sans œillères, pour redonner un nouveau souffle aux humanités. Non pas seulement à l'extérieur de l'école, dans un paysage médiatique, festif, ludique, propre à faire oublier leur effacement programmé – mais dans le cadre de l'institution.

Il ne faut pas laisser le latin ni le grec aux mains d'un microcosme de spécialistes, non plus qu'aux bons soins de « l'affichage publicitaire ». Nous sommes persuadés que bien des « gens de maintenant », de bonne foi et de bonne volonté, peuvent nous rejoindre dans notre souci de mettre le latin, un latin « réconcilié avec la démocratie » (c'était le vœu du grand poète Yves Bonnefoy), au cœur du tronc commun de l'école républicaine, comme *fons puteusque*, « source et puits ».

De nos propositions, raisonnables, légitimes, urgentes, les responsables politiques seraient avisés de s'emparer.

Composition réalisée par Belle Page

PAPIER À BASE DE
FIBRES CERTIFIÉES

Fayard s'engage pour
l'environnement en réduisant
l'empreinte carbone de ses livres.
Celle de cet exemplaire est de :
0,250 kg éq. CO_2
Rendez-vous sur
www.fayard-durable.fr

Achevé d'imprimer en août 2024
sur les presses de la Nouvelle Imprimerie Laballery
58500 Clamecy (Nièvre)
N° d'impression : 407450

Pour les éditions Fayard, 13 rue du Montparnasse, 75006 Paris
56.6580.6/01
Dépôt légal : août 2024

Imprimé en France

La Nouvelle Imprimerie Laballery est titulaire de la marque Imprim'Vert®